Johannes Hemleben

Der Mensch und sein Erdenschicksal

Johannes Hemleben

Der Mensch und sein Erdenschicksal

Verlag Urachhaus Stuttgart

Gesamtherstellung Greiserdruck Rastatt
ISBN 3 87838 179 4

Sehr verehrte Zuhörer!

Wenn man versucht, gegenwärtigen Diskussionen über die Sinngebung des Lebens zuzuhören – oft sind es Diskussionen über die Sinnlosigkeit des Lebens –, fällt eine Vokabel, die wir Älteren zunächst nicht kannten. Ich erinnere genau den Augenblick, als ich die Vokabel: »Frustriertsein« zuerst hörte. Ich half mir mit dem, was ich auf der Schule gelernt hatte: »frustra« = »vergeblich«. Also muß es irgendwie bedeuten, daß das Leben sinnlos, vergeblich ist. Aber interessanterweise stellte sich sofort etwas Polares entgegen: Dem Sinnlosen, Vergeblichen des Lebens steht gegenüber das sogenannte Establishment. Die oftmals nur zu sehr berechtigte Kritik der Jugend trifft das Etabliertsein, das bürgerliche, institutionelle Eingerichtetsein. Dieses Wort hatte ja ursprünglich einen sehr positiven Sinn: Ein Arzt etabliert sich, das heißt läßt sich nieder, eine Firma gründet eine Niederlassung (etabliert sich). Aber im Grunde hört man doch mit: »Stört mich nicht, jetzt habe ich Fuß gefaßt, ich will das ausbauen, was ich erworben habe.« Und die Jungen sagen: »Wie frustrierend ist ein solches Leben!« Die Älteren wiederum erleben, wie der Wandertrieb die Jungen ergreift; wie sie sich nicht etablieren wollen; wie sie eine gewisse Angst dokumentieren vor dem Fußfassen, dem Bürgerlich-Werden; wie sie von Land zu Land ziehen mit der Frage: Was soll das alles? Und wie man dann immer wieder erlebt: Diejenigen, die vor zehn Jahren von der Jugend aus revolutionär gegen das Establishment sprachen, sind heute selbst best-etabliert. Tatsächlich: so scheiden sich die Geister. Das, was wir heute bereits als Geschichte überblicken können: die Jugendbewegung von ihrem Anfang an hat starke Impulse des Fortschrittes echt geistiger Revolution in das bürgerliche Leben hineingetragen und dennoch zugleich einen Beitrag zur Verspießerung des Bürgertums geliefert – beides! Wie konnte es nur geschehen, daß aufkeimende große Ideen im mitteleuropäischen Geistesleben oft so schnell in ihr Gegenteil pervertiert wurden? Hinter diesem rätselhaften Geschehen und anderen verwandten Ereignissen des Jahrhunderts wird doch die Frage hörbar: Was soll ich als Mensch hier? Wozu bin ich eigentlich da? Und diese Frage führt zu der anderen: Wer bin ich denn? Und diese wiederum führt von selbst weiter zu dem »Wo komme ich her? Wo gehe ich hin?« Denn nur dadurch kann ich meinen Weg im Irdischen begreifen, daß ich ungefähr weiß: Wovon ging ich aus, und wohin will ich gehen? Aus welchem Grunde, zu welchem Ziele gehe ich über die Erde?

Da ist in unseren Tagen von einem Manne, der nicht umsonst den Nobelpreis bekommen hat, eine repräsentative Antwort in einem Buch gegeben worden »Zufall und Notwendigkeit« – von dem Franzosen Jacques Monod. Mir will scheinen, daß er die repräsentative Stimme der modernen Biologie, der Molekular-Biologie, ist, so wie einst Haeckel sie war für sein Zeitalter. Da er sich um Ehrlichkeit bemüht, kommt man im Lesen zu dem Resultat: Hier wird endgültig mit dem »alten Bund« gebrochen, der annahm, es gäbe in der Welt einen Gott, der sich für den einzelnen Menschen interessiert. Diese subjektive Täuschung, die über vieles hinweggeführt hat, entspricht doch nicht der Wirklichkeit – so wird es an der Lektüre deutlich –, denn wer die Resultate der modernen Molekularbiologie kennt, wer ihre zentralen Begriffe ernst nimmt, der weiß, wie weit der Mensch bestimmt wird durch die Vererbungssubstanz, durch Chromosome und Gene, durch die Notwendigkeit, die von den Nukleinsäuren her bestimmt ist. Er erfährt, wie im Grunde das, was man seit Darwin das bewegliche Element im Bestimmten nennt – die Mutation –, wie diese in Wirklichkeit nur ein Zufall ist, ein »Verkehrsunfall«, durch den andere Zufälle entstehen; von tausend Zufällen aber bewährt sich einer, alles andere wird im Kampf ums Dasein ausgelöscht. Monods Resultat lautet: Ehrlich ist nur der, der sich wie ein Zigeuner am Rande des Weltalls fühlt und genau weiß: Kein Wesen in der Welt hat für mich irgendein Interesse, niemand interessiert sich für mich. Und wenn ich dennoch den Mut finde, aus eigener Kraft zu leben, dann ist das in Ordnung. Sei dein Eigener! Alles andere ist Täuschung, erst recht ein »Trostwort Gottes«. Löse dich endgültig von diesem überholten Glauben des alten Bundes. – Das ist eine Antwort auf die Frage nach dem Lebenssinn, wie sie vom Materialismus gegeben wird. Zusammengefaßt: Lerne mit der absoluten Trostlosigkeit zu leben.

Auf der anderen Seite ist es deutlich, wie angesichts der geistigen Armut – ich glaube, man darf es so bezeichnen: des intellektuellen Reichtums und der geistigen Armut Mittel- und Westeuropas – sich jetzt der Reichtum des Ostens geltend macht und uns geradezu mit einem Überangebot differenzierter östlicher Geistigkeit – zum Beispiel an Yogalehren – überschwemmt. Für den Geist Asiens gibt es keinen Zufall, nur die geistige Notwendigkeit. Zwischen Ost und West leben wir Mitteleuropäer in einem geistigen Vakuum, das mit den recht verstandenen Worten »Establishment« und »Frustration« beschrieben wird.

Nehmen wir die zentrale Lehre beispielsweise eines Gautama Buddha: Sie spricht davon, daß der Mensch mehr als einmal auf der Erde lebt, daß er hier auf der Erde die Begegnung hat mit den Mächten der Erde. Buddha nennt sie Alter, Krankheit, Trennung und Tod. Und er gab seinen achtgliedrigen Pfad, um zu helfen, daß der Mensch sich übend so verhalten kann, daß er nach und nach sich vom Rade der Wiedergeburt zu lösen lernt, von der Verflechtung, von eben den Mächten, die er mit Alter, Krankheit, Trennung und Tod bezeichnet. Er überwindet die harte Fronarbeit im Dienste des Karmagesetzes, des Ausgleichsgesetzes, um entlassen werden zu können in das geistige Reich des Nirwana. Diese Lehre, gültig und nicht nur irgendwie erdacht, schätzte die Situation des Menschen rund 600 Jahre vor Christus wirklich richtig ein.

Man kann von dem heutigen Menschen in der Regel kaum sagen, daß er seine geistig-intellektuell-seelische Situation richtig einschätzt; er lebt in einer Naivität, indem er sich auf die Erde einläßt und meint, er werde in irgendeiner Weise Sieger sein. Buddha würde mit vollem Recht heute Millionen von Menschen mit den Worten entgegentreten: Du lebst im Irrtum, du unterschätzt die Gegenmächte, du wirst unterliegen – schau dir nur die alten Menschen an; du kannst die Niedergangsmächte der Welt nicht abwenden, der Tod kommt mit Sicherheit; und das ganze Leben ist vom Schmerz, sich von dem Liebsten, das man hat, zu trennen, durchzogen; du sagst naiv: Ich lebe mein Leben aus. Das kannst du allenfalls in der ersten Hälfte deines Lebens tun, aber später? Am Ende ziehst du den kürzeren, du überschätzt deine Kraft.

Und darum ist für uns so wichtig geworden – weil Buddha wirklich die Situation des Menschen auf Erden und seine Naivität durchschaute –, die Erdenmächte »in die Hand« zu bekommen. Denn der Satz Rudolf Steiners ist gültig: »Weil Buddha recht hatte, mußte Christus kommen!« Und der besagt: Auf diese Erde kann sich ein Mensch nur mit voller Lebensenergie einlassen, wenn er im Kern eine Kraft besitzt, die stärker ist als der Tod. Darin liegt die Unterschätzung der Situation, daß man glaubt, man könne sich auf das irdisch-technische Zeitalter einlassen, ohne zu bedenken, daß der Mensch dann in einer Todeswelt lebt, in die er fortgesetzt seinerseits neu den Tod hineinträgt. Der Mensch schafft durch Naturwissenschaft und Technik selbst die Vermehrung des Tödlichen auf Erden. Und weil das so ist, braucht er – soll ihm sein Leben nicht sinnlos erscheinen – etwas Wesentliches in der Seele, das stärker ist als der Tod.

Und, verehrte Zuhörer, man mißversteht das Christentum, wenn man es primär als Lehre nimmt. Selbstverständlich hat es seit urchristlichen Zeiten eine christliche Lehre gegeben. Sie ist außerordentlichen Wandlungen unterworfen gewesen bis heute. Die Lehre des Christentums der Urchristen zum Beispiel würde heute kaum jemand verstehen können.

Das Primäre am Christentum ist vielmehr, daß es den Anschluß nicht an eine Lehre, sondern an eine Tatsachenwelt sucht. So kann man eine Sonnenlehre haben, man braucht sie auch, um die Sonne zu verstehen, das Wesentliche ist aber, sich recht dem Sonnenlicht auszusetzen – sich an die Tatsache der Sonne anzuschließen. Und so können wir wiederholen und sagen: Das Christentum, solange es wirklich christliche Substanz barg, hat sich immer anzuschließen versucht an die zentralen Urtatsachen, an die Incarnatio, an die Menschwerdung Gottes auf Erden, und an die Tat auf Golgatha, deren Wesentliches ist: Tod und Auferstehung, das heißt die Überwindung des Todes.

Heute sind wir so weit gekommen, daß wir bereits von christlichen Theologen gedruckt lesen können, daß es auf das leere Grab nicht ankomme. Das ist sogar ehrlich gesprochen, weil auch die Theologen das leere Grab nicht mehr verstehen *können*, weil das leere Grab heute eine Zumutung für jeden ist, der im naturwissenschaftlichen Zeitalter sein Denken ausgebildet hat. Es ist eine Zumutung, auch in dem Sinne, daß Mut dazu gehört, sein ganzes Denken und Erkenntnisbemühen der Frage zuzuwenden: Was ist denn eigentlich zwischen Karfreitag und Ostermorgen geschehen, woraus sich jene ungeheuer große Kraft entwickeln konnte, durch die der ganze Mittelmeerraum, die abendländische Kultur durchdrungen und die Kultur des Mittelalters geschaffen wurde? Was war das? Doch nicht die Lehre. Die Lehre war notwendig, aber woher die Kraft? Und wir können nur antworten: Sie ist offensichtlich von Golgatha ausgegangen.

Buddha lebte etwa 600 Jahre vor Christus. Christus lebte fast 2000 Jahre vor uns. Was wir aber seit dem 16. Jahrhundert und vor allem miteinander im 20. Jahrhundert erlebt haben, ist ein Niedergang des Christentums. Es gilt zu verstehen, daß die Antwort auf die Frage nach dem Sinn des Lebens wirklich identisch ist mit der Antwort auf die Fragen: Wer bin ich, woher komme ich, wohin gehe ich – und welche Bedeutung hat Golgatha für mein konkretes Leben?

Bereits Ende des 16. Jahrhunderts hat jemand, der für seine Lehre bis zum Tode auf dem Scheiterhaufen einstand: Giordano Bruno, eine erste Antwort gegeben. Er sagt: Es gibt nur einen Ausgangsort – das ist man selbst. Durchschaue doch, wie du im Leibe lebst, heute und jetzt. Er bringt es in die Worte:

»Wird nicht, während Du lebst, die Masse des Leibes verändert,
Wie sie aus eigener Bewegung in stetigem Wechsel des Stoffes
Neue Materie ergreift und stets die frühere ablegt?
Oder ist wohl der Stoff Dir im Fleisch und Blut noch derselbe
Teilweis' oder im Ganzen, wie Jahre zuvor es gewesen?
Blieben des Knaben Blut und Muskeln und Nerven dem Jüngling
Unverwandelt? Veränderte nicht im Wechsel dem Mann sich

Alles? Fließen die Glieder nicht, und entäußern erneuert
Sich der verbrauchten Form genau, wie dies Nägel und
Haare
Selbst den stumpferen Sinnen beweisen«;

und das Resümee:

»– indessen der Seele
Wesen *inmitten des Herzens beharrt, die lenkende Vollkraft,*
Durch die Einer Du bist, derselbige bleibst und ein Ich bist?«

Verehrte Zuhörer, niemand kann dem anderen abnehmen, diese Anfangsübung selbst zu vollziehen, sich dem Geheimnis des Menschendaseins zu stellen: daß wir unaufhörlich Materie hereinnehmen müssen – vor allen Dingen in Gestalt von Pflanzen- und Tierkost durch Speise und Trank –, daß der Leibesstoff ständig wechselt, und doch »Einer Du bist und ein Ich bist«.
Wenn ältere Menschen einander wiedertreffen nach 30 Jahren der Entfremdung, gibt es ein seltsames Tasten durch die Leibesform zu dem Bekannten, Vertrauten, fast Vergessenen und wieder neu Getroffenen. Wie hat sich des Leibes Gestalt verändert! Und doch nimmt man wahr: »... der Seele Wesen, die lenkende Vollkraft, die inmitten des Herzens beharrt, durch die Einer Du bist, derselbige bleibst und ein Ich bist«.
Bruno gibt noch einen weiteren Rat – und das ist nun fast 400 Jahre her: das Leben durch den Tod zu studieren, zu erfassen, kennenzulernen. Man darf es jedem wünschen, daß er in guter Weise vor seinem eigenen Tode den Tod anderer miterlebt hat. Es muß nicht immer so sein, wie bei uns, die wir mit 17, 18 Jahren in den Ersten Weltkrieg hinausgeschickt wurden und ringsum nur Leichen erlebten und den Tod der Freunde. Aber daß Menschen die Begegnung haben mögen mit dem Sterben und sich dieses, tief

innen erlebend, zum Bewußtsein bringen mögen, ist der zweite Rat Brunos. Man solle an Sterbebetten stehen, vielleicht sogar jenen gesegneten Moment miterleben, den man die »Euphorie« nennt, die der Laie so leicht mißversteht, weil plötzlich eine Besserung eintritt und der schon verwirrt gewesene Patient wieder klar ist. Plötzlich zeigt er klar leuchtende Augen; es ist, als ob das Urbild noch einmal rein in Erscheinung tritt; er äußert vielleicht Weisheitsworte, die im Leben nie über seine Lippen kamen. Doch dann endet alles, der Pulsschlag steht still, es folgt ein letzter Atemzug, dann das Erkalten.

Wenn man nicht nur den Sinnen seine Gedanken leiht, sondern seelisch die gemachte Erfahrung aushält, dann weiß man auch, was der Tod ist; daß nämlich die »lenkende Vollkraft« sich dem Leibe entzieht. Bruno schildert es:

»Dies ist die Quelle des Lebens und das Wachstum unserer Substanz,
Daß zum Kreise ausdehnend das Zentrum weit sich entfaltet,
Daß baumeisterlich rings der Geist die Atome versammelt
Um ihn her und hinein sich ergießt und das Ganze beherrschet,
Bis, wann die Zeit sich erfüllt und des Lebens Faden zerreißet,
Er ins Zentrum zurück sich nimmt und wieder von dorten
Sich in die Welt, die unendliche, senkt, was Tod wir zu nennen
Pflegen, dieweil uns das Licht, dem wir zustreben, verhüllt ist;
Doch ward Ein'gen zu ahnen verliehn, dies Leben hienieden
Sei nur Tod, das Sterben des wahren Lebens Erwachen.«

Leben vom Mutterleib an bedeutet: ergreifen einer Leibesgestalt und diese durchdringen mit der Kraft der Seele und des menschlichen Ich; *das* bedeutet Kindheit und Jugend. Es ist das In-Erscheinung-Treten auf dem Wege der Selbstverwirklichung. Es folgt die Mannes- und Frauen-Leistung hier auf Erden und dann das Wieder-sich-Zurückziehen und In-die-»andere-Welt«-Hinübergehen. Was wir Sterben nennen, das bedeutet zugleich ein Erwachen zum Leben in einer leibbefreiten Welt.

Solchen einfachen Gedankengängen jenes Mannes, der auf der Wende vom Mittelalter zur Neuzeit stand und, wie gesagt, für seine Überzeugung sein Leben hergab, steht die mittelalterliche wie auch die neuzeitliche Anschauung vom Tode schroff gegenüber. Die mittelalterliche insofern, als sie als selbstverständlich annahm, daß der Mensch mit seiner Seele nach dem Tode weiterlebt und die Folgen seines Lebens zu tragen hat. »Denn ihre Taten folgen ihnen nach«, wurde von der Kirche des Mittelalters als Mittel der Pädagogik, der Kirchenzucht den Gläubigen eingeprägt. Es wurde mit der Aussicht auf Belohnung und der Androhung von Strafen gearbeitet. Verständlich, aber halbwahr und zerstörend zugleich. Denn sobald wir Menschen an dieses Gebiet herantreten und dabei doch nicht über dem Egoismus des Wunschlebens stehen, besitzen wir keine Freiheit im religiösen Denken. Daß dieses Auf-Belohnung-Spekulieren oder dieses Sichfürchten vor Strafe den Egoismus anspricht, dürfte klar sein. So großartig die »Göttliche Komödie« von Dante ist – sie hat doch mitgeholfen, diesen religiösen Egoismus zu pflegen, der dann, rückschlagend ins Leben, zu dem führte, was in der klassischen Formulierung Luthers liegt: »Wie findet *meine* Seele einen gnädigen Gott?« So formuliert, enthält es eine Teilwahrheit. Der Mensch muß diese Frage bewegen, wenn er überhaupt mit seinem Weiterleben rechnet, und doch führt sie, so gestellt, zum Egoismus. Und wenn hinzugefügt wird im Sinne des Alten Testaments: »Wenn ich nur dich habe, so frage ich nichts nach Himmel und Erde« (Psalm 73, 25), kommt es wiederum aus einer Halbwahrheit, die wir als ein egoistisches Streben nach Seligkeit verstehen müssen. Denn es unterbleibt die Frage: Was wird aus meiner Mitwelt? Was wird aus der Erde?

Verehrte, liebe Zuhörer, es war auch die große Schwäche des Buddhismus, daß die Frage im Vordergrund stand: »Was wird aus der Seele?« statt »Was wird aus der Erde, was wird aus aller Leiblichkeit, was wird aus der Welt, in der ich mein Schicksal absolviert habe, der ich mein Werden verdanke?«

Man versteht das Christentum in seinen zentralen Belangen nicht, wenn diese Frage nicht sofort mitschwingt, wenn mit dem »Was wird aus mir?« nicht die andere Frage gleicherweise im Raume steht: »Und was wird aus der *Welt*, der ich doch verbunden bin, in der ich geworden bin?« Geht es doch um den Sinn der Inkarnation, um die Beziehung zur Leibeswelt.

Es gehört zu den ursprünglichen christlichen Grundbegriffen, die viel älter sind als Dantes »Göttliche Komödie«, daß man sich selbst nur versteht, wenn man einmal weiß: alles, was lebt, muß sterben – also auch du, auch du bist stets auf dem Wege zum Tode. Aber viel wichtiger ist, daß du ernst nimmst, daß es auch den zweiten Tod, den Seelentod, gibt.

Nun hat bis heute die christliche Dogmatik hier eine sehr schwache Stelle; das wissen die Theologen, insbesondere die der römischen Kirche, am besten. Es fehlt nämlich zur Ergänzung der Frage »Wo gehe ich hin?« die andere Frage »Wo komme ich her?«, und die Antwort darauf, die theologisch-dogmatische Antwort »ich komme von Gott«, kann nicht genügen. »Jede Seele wird neu geschaffen, wenn ein Kind erwartet wird?« Wenn man hier weiterdenkt, kann dies ein Grund dafür werden, sich von allem Religiösen

abzuwenden. Denn jeder von uns könnte doch Schicksale über Schicksale erzählen, wie zum Beispiel Kinder in schwerste Verhältnisse hineingeboren werden, in eine Leiblichkeit, die von syphiliskranken Eltern stammt, dadurch von Geburt an blind sind, die mit zwölf oder achtzehn Jahren sterben und keine andere als eine Verbrecherwelt kennenlernten und selbst Verbrecher wurden.
So lautet die Antwort des katholischen Lehramtes: Die Seele ist von Gott geschaffen und erhält ihr Schicksal zugeteilt. Wo bleibt da die so oft betonte göttliche Gerechtigkeit? Hinzu kommt, daß seit dem Mittelalter, insbesondere im Protestantismus, nicht mehr ernstlich von dem, was unmittelbar nach dem Tode kommt, die Rede ist, sondern daß heute weitgehend von der protestantischen Theologie verkündet wird: Nach dem Tode versinkt die Seele in tiefen Schlaf und muß warten bis zum Jüngsten Gericht, bis sie dann von Gott auferweckt wird. Ehrlich gestanden: Wenn das die christliche Anschauung ist, möchte ich kein Christ sein. Wenn die Seele von Gott geschaffen ist, prädestiniert in einen kranken Leib hineingegeben wurde, hier aber zum Verbrechen veranlagt ist durch das gegebene Milieu, dann nach dem Erdenleben in Todesschlaf versenkt wird bis zum Urteil durch das Jüngste Gericht – dann erscheint mir dies als vollendete Sinnlosigkeit.
Verehrte Zuhörer, da war es schon ein Geist-Ereignis, daß im 18. Jahrhundert Lessing auftrat und den Mut hatte, die Schrift über die »Erziehung des Menschengeschlechtes« zu schreiben, in der er einmal alle – ich möchte sagen – verstümmelten Weltanschauungsreste im Christentum mit seiner durchdringenden Klugheit in Frage stellte. Griff er nach dem Osten hinüber? Er mutete tatsächlich den mitteleuropäischen Theologen zu, den Gedanken der Wiederverkörperung ernst zu nehmen. Es lagen vielfache Anlässe vor. Einer der wichtigsten war der, daß Lessing sich

fragen mußte: Woher kann ich manches, was ein anderer nicht kann, und woher kann ich manches nicht, was ein anderer kann? Wo stammen Begabung, Talent, Genie her?

Dieselbe Frage ist auch in unserem Jahrhundert durch einen dem Geistesleben durch seinen Beruf nicht gerade nahestehenden Mann gestellt worden – den Automobilkönig Henry Ford. Der hat die Frage, die von Lessing gestellt und beantwortet worden war, noch einmal ohne jede Ahnung von Lessing so gestellt: »Was einige für eine besondere Gabe oder ein Talent zu halten scheinen, das ist nach meiner Ansicht die Frucht langer, in vielen Leben erworbener Erfahrung. Dazu muß ich aber vorausschicken, daß ich glaube, daß wir wiedergeboren werden. Sie und ich, wir alle werden viele Male wiedergeboren, leben viele Leben und speichern reiche Erfahrung auf ... Die scheinbar intuitive ›Gabe‹ ist in Wirklichkeit schwer erworbene Erfahrung.« Er schließt: »Die Entdeckung der Reinkarnation verschaffte mir Frieden.«

Nüchtern angeschaut, wir Menschen unserer Zeit kennen einander zumeist nur oberflächlich, selten gründlich. Jeder hat seinen eigenen, besonderen Umkreis, und man kann über den Reichtum an Individualitäten erfreut und erstaunt sein. Was es nicht alles gibt an menschlichen Daseinsverkörperungen! Es kommt auch uns dabei die Frage: Woher kommen sie alle? Sind wir uns etwa schon früher begegnet? Was sich in *einem* Leben abspielt, können wir einigermaßen beurteilen. Es gilt – wenn auch eingeschränkt – der Satz: Was der Mensch sät, wird er auch ernten – eingeschränkt, weil wir wissen, daß manches ausgesät wird, was der Betreffende in diesem Leben nicht erntet. Doch wie steht es mit dem anderen bekannten Satz: »Was Hänschen nicht lernt, lernt Hans nimmermehr?« Das heißt, was wir in der Kindheit nicht irgendwie veranlagt haben, ist sehr schwer im Alter zu erlernen. Wir kennen das Kausalgesetz, mit dem auch die Psychoanalyse arbeitet: Erlebtes aus der frühen Jugend wirkt sich durch das ganze Leben unterschwellig und schließlich sogar bewußt aus. Aber es ist doch nur ein geringer Bruchteil der Seelenfragen, den wir so zu deuten vermögen. Woher all das andere, das unerklärbar scheint? Fords und Lessings Antwort: Es stammt aus früheren Leben. Lessing: »Warum sollte ich nicht so oft wiederkommen, als ich neue Kenntnisse, neue Fertigkeiten zu erlangen geschickt bin? Bringe ich auf einmal so viel weg, daß es der Mühe wiederzukommen etwa nicht lohnet?«

Sofort erhebt sich allerdings vom naiven Gegenwartsbewußtsein aus die Gegenfrage: »Wenn dem so ist, wieso weiß ich das nicht?« Es ist keine sehr tiefe Frage, aber sie wird immer gestellt. Lessings erste Antwort war: »Weil ich es vergesse, daß ich schon dagewesen. Wohl mir, daß ich es vergesse. Die Erinnerung meiner vorigen Zustände würde mir nur einen schlechten Gebrauch des gegenwärtigen zu machen erlauben.« Und er fügt hinzu: »Und was ich auf jetzt vergessen muß, habe ich denn das auf ewig vergessen?« Sollte nicht die Möglichkeit bestehen, daß etwas, was vergessen ist, langsam aus den Tiefen aufsteigt, wenn ich mich entsprechend verhalte?

Die Frage: »Wenn ich schon einmal auf der Erde war, warum weiß ich es nicht?« ist genauso klug und tief wie die andere: »Warum weiß ich nicht aus eigener Erinnerung, daß ich in der Wiege gelegen habe?« Es wird niemand daran zweifeln, daß er im ersten Lebensjahre gelebt hat. Aber warum weiß ich das nicht von mir aus, warum habe ich das völlig vergessen? Es gehört für uns zu den Grundtatsachen des Lebens, daß wir geboren werden und von der Embryonalzeit und in der Regel von den ersten zwei, drei Lebensjahren nichts erinnern. Platos Antwort ist Ihnen bekannt: Ehe die Seele, die individuelle Seele, nicht die plötzlich geschaffene, sondern die schon existierende individuelle Seele, sich anschickt zu einer neuen Geburt, reichen ihr die Götter den Lethetrank, den Trank des Vergessens. Die Seele versinkt in die Leiblichkeit, um in dieser Leiblichkeit sich neu zu finden, von Mal zu Mal stärker, kraftvoller oder auch – wenn sie sich selbst vergißt – von Mal zu Mal dumpfer zu werden.

Diese Frage dürfte keine solche sein, die uns hindert, ernst zu nehmen, was die älteste Wahrheit ist. Darauf bezieht sich auch Lessing. Wörtlich sagt er: »Ist diese Hypothese darum so lächerlich, weil sie die älteste ist? weil der menschliche Verstand, ehe ihn die Sophisterei der Schule zerstreut und geschwächt hatte, sogleich darauf verfiel? Warum könnte jeder einzelne Mensch auch nicht mehr als einmal auf dieser Welt gewesen sein?« Auf der Erde? – Und in einem Brief kurz vor seinem Tode: »Dieses mein System ist gewiß das älteste aller philosophischen Systeme. Denn es ist eigentlich nichts als das System von der Seelenpräexistenz und Metempsychose, welches nicht allein schon Pythagoras und Plato, sondern auch vor ihnen Ägypter und Chaldäer und Perser, kurz alle Weisen des Orients gedacht haben.« Und das *ist* so. Es ist die älteste Antwort.

Aber andere Fragen erheben sich: Bleibt solch eine Weisheit durch Jahrtausende die gleiche? Und warum wurde sie vom Christentum nicht gepflegt? Warum ist sie als Lehre ebenso vergessen, wie der einzelne vergißt, daß er schon da war? Daß der einzelne es vergessen muß, wir verstehen es gut, er würde wirklich, wie Lessing sagt, einen schlechten Gebrauch von seinen jetzigen Aufgaben machen. Aber die ganze christliche Menschheit? Es war notwendig, das können wir jetzt übersehen, daß die Menschheit einmal sich einengte auf das Feld der Ich-Werdung, ohne rückwärts gebunden zu sein, ohne von der Zukunft her direkt gefordert zu sein. Und dabei setzt eine zentrale Wahrheit des

Christentums ein, nämlich: sobald der Mensch an die Sphäre der eigenen Ich-Werdung herangekommen ist, gleicht er dem reichen Jüngling des Evangeliums, der an Jesus Christus mit der Frage herantritt: »Wie muß ich mich verhalten, um für mich teilzuhaben am Leben der Ewigkeit?« Diese Frage so zu stellen, setzt eine gewisse Reife voraus. Dieser reiche Jüngling war seiner Zeit voraus, indem er die Frage so präzise stellen konnte. Sie setzt voraus, daß das Ich merkt, daß es *nicht* mehr teilhat am Leben der Ewigkeit.

Wie ist es eigentlich? Jeden Abend gebe ich regelmäßig das Bewußtsein meines Ichs auf, falls ich nicht Schlafstörungen habe. Wenn ich einen gesunden Schlaf habe, weiß ich nichts von mir zwischen 2 und 3 Uhr nachts; ich liege im Tiefschlaf, das heißt ohne ein irdisches Bewußtsein. Und morgens? Es ist eines: Sinneswahrnehmung haben und sich seiner selbst bewußt werden, ein Laut von außen, und an dem Laut über das Ohr wache ich auf. Man ist krank, wenn Wahrnehmung bereits einsetzt, aber das Ich sich seiner selbst nicht bewußt wird. Es ist eine sehr schwere Krankheit, die gelegentlich auch wohl von einzelnen vorübergehend erfahren wurde, daß jemand die Welt wahrnehmen kann, aber nicht mehr weiß, wer er ist; er irrt durch die Stadt und kann nicht antworten, woher er kommt und wohin er geht; er weiß nicht, wer er ist. – Normalerweise treten im gleichen Augenblick auf: die Sinneswahrnehmung, gebunden an den Leib, und das Ich-Bewußtsein. Darüber kann man keinen Zweifel haben: daß Sterben bedeutet, die Sinnesorganisation ablegen. Und wer das durchschaut, weiß auch, daß es nicht selbstverständlich ist, mit diesem Ich hinüberzuleben – denn nun setzt das ein, wovon wir bereits sprachen: die Warnung im Evangelium vor dem zweiten Tod, dem Seelentod.

Verehrte Zuhörer, wir können gut übersehen, was heute Inhalt etwa des Bewußtseins eines Durchschnittsmenschen ist. Es kann ein sehr tüchtiger Mensch sein, der zum Beispiel in jeder Woche zweimal zwischen Kopenhagen und Basel einen Lastzug hin und her fährt und sich auf der Landstraße tadellos verhält. Sein Leben ist eingespannt in dieses berufliche Tun und einen kleinen privaten Sektor. Und plötzlich, an irgendeiner Straßenecke, wird er herausgerissen aus dem Leibe durch einen Verkehrsunfall. Was bleibt ihm dann? Was ist Inhalt seiner Seele? Motoren gibt es drüben im Jenseits nicht, Landstraßen gibt es dort ebenfalls nicht. Was hat er in seiner Seele? Ich darf ruhig sagen, es gilt für uns alle: Es bleibt allein, was wirklich wertbeständig ist. Was nicht wertbeständig ist, das können wir genau sagen: Alles was hier bleibt, der Leib, die Brieftasche, das Bankkonto, das Eigentum, der Wagen. Fast möchte man sagen: Der Tod hat Humor. 30, 50, 70 Jahre höchster Anstrengung nach diesen Dingen sind vorausgegangen, und in einer Sekunde bestimmt der Tod: Alles bleibt hier, nichts Greifbares geht mit! Die Frage ist vollgültig innerlich beantwortbar, wenn man sich einigermaßen selber kennt. Was aber ist wertbeständig? Da kommt man jetzt nicht mit einer Moralpredigt aus. Sicher darf man sagen: Wertbeständig ist *der gute Mensch.* Wir wollen diese Tatsache ganz gewiß nicht abschwächen. Aber im 20. Jahrhundert ein guter Mensch zu sein, dazu gehört viel, dazu gehört Verständnis und Leben mit dem Ich-Geheimnis. Das bedeutet, daß man durchschauen lernt, daß das natürliche, alltägliche Ich, das diesseitige, das gesunde, normale Ich – *sterblich* ist. Die zentrale christliche Frage heute, ehe man überhaupt irgendwie weitergehen will, ist nach wie vor die Frage des reichen Jünglings: Wie muß ich mich verhalten, um hier auf Erden teilzuhaben am äonischen Leben, am Leben der Ewigkeit?

Diese Frage wird im 3. Kapitel des Johannes-Evangeliums ausführlich behandelt, im Nikodemus-Gespräch. Denn worum geht es dort? Um die Wiedergeburt. Wohlverstanden: nicht um die Wiederverkörperung, sondern um die innere Wiedergeburt. Und das bedeutet: »So ihr nicht von neuem geboren werdet, habt ihr kein Leben in euch.« Das Christentum beginnt mit der *inneren Wiedergeburt.* Das einzige, was berechtigt einzuwenden wäre, ist: Wer kann sie vollziehen? Wer hat diese Reife? Die erste Antwort: Niemand sagt, daß du in einem Leben ein Vollkommener werden mußt. Aber hier berühren sich die beiden Themen: Der Sinn des Lebens und der Gedanke der Wiederverkörperung. Wenn ich mir vorstelle, ich nehme es ernst, daß dieses Ich – das Ego, die Quelle des Egoismus – sterblich und doch sozusagen das Tor zum Unsterblichen ist, wenn in diesem Sterblichen das Unsterbliche geboren wird, das ist »Wiedergeburt« – dann ist das eine ewige, zumindest in einem Leben niemals zu lösende Aufgabe.

Niemand versteht das Johannesevangelium in seiner Struktur und Substanz, der nicht sieht, daß es auf das Christus-Wort zielt: ». . . daß sie eines seien, so wie wir eines sind, ich in ihnen und du in mir« (Joh. 17, 22/23). Dieses Ich, das so zum Vater spricht, ist das neue, das Ziel-Ich. Und die Wegstrecke zwischen dem Ich, das wir so gut kennen und im Grunde genommen als unvollkommenes durchschauen, und dem wahren Ich, dem Christus-Ich – der Weg zwischen beiden kann durch die drei Grundworte, die sowohl in alter Form der katholischen Messe als auch dem Gottesdienst der Christengemeinschaft zugrunde liegen, beantwortet werden: Der Weg führt durch Opfer und Wandlung zur Einswerdung mit Gott. Opfer, Wandlung, Kommunion sind nicht Willkür-Begriffe, sondern geben genau an, wie die Einigung des menschlichen Ich mit dem wahren Ich erfolgt: durch Opfer und Wandlung. Weiter: mein Ich ist in dieser Welt geworden, mit Hilfe dieser Welt, es lebt von dieser Welt. Wie aber ist mein Verhältnis zu dieser Welt? Muß ich sie in Opfer und Wandlung einbeziehen, oder darf ich jetzt an diesem Punkt nur von dem Opfer und der Wandlung meines Ich sprechen?

Eine Zwischenüberlegung: Gleiches wird nur durch Gleiches erkannt. Darum ist Naturwissenschaft groß, weil sie die Außenseite der Natur durch die entsprechende Methode erkennt, durch Maß, Zahl und Gewicht; aber sie wird geistig klein, wenn sie darüber hinaus weltanschauliche Folgerungen zieht. Leben wird nur durch Leben, leibliche Welt nur durch leibliche Organe oder Instrumente, Seele nur durch Seele und Geist nur durch Geist erkannt. Das muß von vornherein klar sein: Ich kann von Geist und von dem Geisteszusammenhang zwischen Mensch und Erde nur reden, wenn ich es wirklich aus dem Geiste heraus tue.

Was wird im Tode aus unserem Leben, was wird aus unserer Seele, die doch viel umfassender ist, als wir es im Bewußtsein tragen? Welche Fülle haben Menschen doch oft in ihrem unbewußten Instinktleben! Was wird aus der Kraft, die meine Haare ein ganzes Leben lang wachsen, die das Blut kreisen läßt, die den Stoffwechsel bewirkt, die ständig aus Brot und Wein, aus Nahrung und Trank, Leib und Blut schafft? Und was wird aus unserer Seele mit ihren Gefühlen und Verbindungen zu anderen Seelen? Viele von Ihnen werden es kennen, wie sich nach dem Tode eines Menschen oft am ersten, zweiten Tage die Züge des Verstorbenen glätteten und wie am dritten Tag oft geradezu ein überirdischer Glanz über dem Haupte des Verstorbenen lag, bevor der totale Zerfall einsetzte. Was nehmen wir da wahr in diesem Glanz, in der vorhin berührten Euphorie? So etwas wie das Urbild des Sterbenden tut sich kund, das über der Hülle des Leibes noch einmal aufglänzt. Und dann entschwebt es, dann ent-wird es.

Haben wir die Kraft, einmal auf die Erde zu blicken und den unaufhörlichen Strom von Seelen, die zur Geburt kom-

men – in jeder Sekunde wird ein Mensch geboren, und unaufhörlich in jeder Sekunde stirbt ein Mensch –, und den Strom der verstorbenen Seelen von der Erde fort zu erfassen! Unaufhörlich wird Leben neu ergriffen, dann wieder verbraucht, verwandelt, abgelegt, bleibt zerstört zurück. Das Leben der Welt bleibt sich nie gleich, sondern ändert sich an jedem Tage. Wenn heute der Tag zu Ende geht, sind nicht nur tausende von Menschen gestorben, sondern haben die Menschen am Leben der Erde gearbeitet, haben gedacht mit Hilfe ihrer Lebenskräfte und die Erde durch ihre Handlungen verändert. Und ob am Abend die Erde noch ebenso wie am Morgen leuchten oder sich verfinstert haben wird, liegt am Menschengeschlecht, an deren Gedanken und Taten. Wir merken es nur nicht, da es sich um sehr zarte Vorgänge handelt. Aber wenn wir im Bewußtsein haben, was eigentlich der Tod, den der Mensch um sich verbreitet, bewirkt, dann könnten wir auch durchschauen, was es bedeutet, daß der Mensch im Sterben Hülle um Hülle ablegt und sie der Welt zurückgibt. Es strömt zurück in das Leben, in den Seelenbereich der Welt, was er von der Welt empfangen hat, und nur das Ich geht für sich seinen Weg.
Und wenn wir dann wieder zur Erde zurückkehren, mögen wir uns wundern über die Natur, die uns dann umgibt, und die Menschen, die uns begegnen: Wovon leben diese Menschen, wovon vor allem leben die Pflanzen? Aus dem Gesamtleben der Welt – wenn das auch für manche ein ungewohnter Gedanke ist –, das unser aller gemeinsames Leben ist. Was wir draußen anschauen, gehörte zu unserem eigenen Leben, ehe wir geboren wurden. Wir können das Leben der Welt, das am sichtbarsten im Pflanzenreich ist, nicht lösen von unserem eigenen Leben. Wir arbeiten unausgesetzt am Leben der Welt. Und darum ist es letzten Endes eine Frage: Wie geht dieses Ich, das zunächst als ein sterbliches Ich auftaucht, mit dem Leben der Welt um, wenn es

sich nur dafür interessiert, wie es selber in die Ewigkeit gelangt? Dann verbraucht es weiter das Leben, und die ganze »Unternehmung Welt« würde nur dem Ego-Werden des Menschen dienen. Ein grandioses Mißverständnis! Der Mensch kann und darf sich nicht in seiner Ich-Werdung lösen von der Welt, der er seine Existenz verdankt, durch die er Mensch geworden ist, in der er Mensch geworden ist.

Wenn man sich heute allein auf das schon weitgehend ruinierte Leben einlassen muß, zieht man, so sagten wir am Anfang, den kürzeren. Wenn man anfängt, das Nikodemus-Gespräch zu begreifen, weiß man, daß alles darauf ankommt, daß der Mensch nicht nur in seinem sterblichen Ich den Weg zu seinem unsterblichen Ich geht, sondern daß dieses unsterbliche Ich gar nicht anders kann, als einzugreifen in Leib, Blut und Erdenleben, *um diese zu verwandeln.* Wir tragen einen geheimnisvollen Verwandler in uns. Er bildet aus den Stoffen der Erde unseren Leib. Doch bindet uns dieser Prozeß zugleich an unsere Sterblichkeit. Er löst uns erst dann, wenn wir selbst anfangen, uns *verantwortlich* zu fühlen für das Leben der Welt, das uns trägt, aus dem unser Leib und Blut entsteht und das unaufhörlich wechselt zwischen unserem Dasein und dem unserer Umwelt.

Einen neuen Menschen, den neuen Adam, ohne neue Erde zu denken, wäre unchristlich. Darum ist das Wort Rudolf Steiners, dem wir so Wesentliches verdanken für ein neues mitteleuropäisches Erfassen der Wiederverkörperungslehre, so entscheidend: daß wir den Menschen nicht für sich und die Erde für sich denken sollen und ein Weltbild entwikkeln, in dem uns die Erde nicht interessiert, sondern daß wir uns zu identifizieren haben mit dem Schicksal der Erde. Die neue Erde entsteht nur durch den neuen Menschen. Und darum mußte Rudolf Steiner sagen: »Weil Buddha recht hatte, mußte Christus kommen.« Das gewöhnliche Ich darf sich übend nur so verhalten, daß es sich emporhebt und dadurch versucht, sich dem Zwang zu entwinden, den die Erde über den Menschen mit allen Gewalten auszuüben versucht. Würde nichts anderes eingetreten sein, als zu Buddhas Zeiten vorhanden gewesen ist, wäre es heute noch der einzig mögliche Rat: Entzieht euch der Erde, entwerdet! Aber niemand versteht das Wesen des Christentums, der nicht sieht: Christus ist gekommen, nicht um den Menschen allein zu heilen, sondern um den Menschen mit der Erde einer neuen Welt entgegenzuführen. Darum finden wir in allen Evangelien die »kleinen Apokalypsen« mit dem Kernsatz: »Himmel und Erde werden vergehen« – gezielt auf die große Apokalypse: auf daß ein neuer Himmel, eine neue Erde mit Hilfe des neuen Menschen entstehe. Das geschieht, wenn Menschen den Weg von Opfer und Wandlung im innersten Kern ihres Wesens und in der Gemeinschaft miteinander gehen, so daß sie dann wirklich eins werden mit dem Schicksal der Erde.

In der Bergpredigt (Matth. 5,48) steht der Satz: »Darum sollet ihr Vollkommene sein, so wie euer Vater im Himmel vollkommen ist.« Nur ein krankhaft Größenwahnsinniger könnte diesen Aufruf für sich selbst und sein Erdenleben zum Ziele nehmen. Welche Blasphemie und Hybris wäre es, wenn ein Mensch, und sei er noch so vorgeschritten, sich für vollkommen im Sinne dieses Bergpredigtsatzes halten würde! Völlig anders aber wird der Satz verständlich sub specie reincarnationis, denn dann bedeutet er: Bedenke, Mensch, daß du auf einem Wege dich befindest, dessen Ende im Unendlichen und Ewigen liegt. Übe zunächst ehrliche Selbsterkenntnis, der Zustand deiner Unvollkommenheit wird dir immer deutlicher werden. Und dann übe durch Schmerz und Freude, durch Selbst- und Welterfahrung von Verkörperung zu Verkörperung zu lernen;

so ahnst du als Sinn des Lebens die allmähliche Annäherung an das hohe Ziel der Vollkommenheit.
Ich darf abschließen, indem ich einen Schüler von Rudolf Steiner, den Ihnen bekannten Dichter Christian Morgenstern zu Wort kommen lasse, der mit Gedanken, auf die wir eben geblickt haben, innerlich gelebt hat: »Die Lehre der Reinkarnation, sie ist längst da, aber sie mußte eine Weile beiseite gelassen werden. Die europäische Zivilisation geht auf dieses Beiseitelassen zurück.«
Man kann nur sagen: so ist es, die moderne Naturwissenschaft wäre undenkbar gewesen, wenn man nicht dieses alles beiseite gelassen hätte. Jetzt hat dieser Zyklus das Seine erfüllt; jetzt darf sie, die Lehre von der Reinkarnation (Wiederverkörperung), als eine unermeßliche Wohltat in den Gang der westlichen Entwicklung wieder eintreten in einem Sinne, der erst jetzt möglich ist, 2000 Jahre nach der Erscheinung des Christus. In einem ganz anderen Sinne als je zuvor wird sie jetzt von neuem die Menschheit befruchten, erleuchten, erlösen – als eine von Christus her verstandene Lehre vom Schicksal des Menschen – vom Sinn des Lebens.

rororo bildmonographien

Johannes Hemleben

Jeder Band in Selbstzeugnissen und 70 Bilddokumenten, Zeittafe Bibliographien und Namenregister

CHARLES DARWIN [137]
«Diese Monographie stellt die wissenschaftliche Leistung und die Pe sönlichkeit Darwins eindrucksvoll unvergeßlich vor den Leser auf de Hintergrund der Geistesgeschichte des 19. Jahrhunderts dar.»
Die Christengemeinschaft, Stuttga

EVANGELIST JOHANNES [194]
Wer ist der Evangelist Johannes? Hemleben läßt ein Lebensbild en stehen, das Antwort auf die offenen Fragen der Theologen zu gebe versucht. Zugleich vermittelt die Monographie eine Einführung in de Geist des «Johanneischen Christentums».

GALILEO GALILEI [156]
Hemleben vertritt die These: Wer Reichweite und Grenze der physika lischen und astronomischen Wissenschaft Galileis versteht, hat de Schlüssel zur Lösung wichtiger Gegenwartsprobleme. Die Versöh nung zwischen Erkenntnis und Glauben wird wieder denkbar.

JOHANNES KEPLER [183]
Kepler gilt als Begründer der modernen Astronomie. Hemlebens Bi graphie schildert, wie Kepler als Berater von drei Kaisern und de Feldherrn Wallenstein tätig war und gleichzeitig unablässig gege den Aberglauben seiner Zeit zu kämpfen hatte.

RUDOLF STEINER [79]
«Ein Persönlichkeitsporträt von absoluter Objektivität, mit genaueste Sachkenntnis entworfen. Der Leser hat hier eine Möglichkeit sach licher Unterrichtung über Wesen und Wollen eines der eminenteste Köpfe europäischer Geistesgeschichte.» Die Zeit, Hambur

PIERRE TEILHARD DE CHARDIN [116]
«Hemleben versteht es ausgezeichnet, dieses Leben darzustellen un dabei die fortschreitende Entwicklung vom Naturforscher zum gerade zu revolutionären Theologen begreiflich zu machen, dabei auch d zentralen Probleme zusammenzufassen, die diesen Mann beschäftige und in einer kühnen Weise zu schöpferischen Deutungen der Entwic lung befähigten.» Rhein-Neckar-Zeitung, Heidelbe

387/8